BEI GRIN MACHT SICH IHR
WISSEN BEZAHLT

- Wir veröffentlichen Ihre Hausarbeit,
  Bachelor- und Masterarbeit

- Ihr eigenes eBook und Buch -
  weltweit in allen wichtigen Shops

- Verdienen Sie an jedem Verkauf

Jetzt bei www.GRIN.com hochladen
und kostenlos publizieren

Bibliografische Information der Deutschen Nationalbibliothek:

Die Deutsche Bibliothek verzeichnet diese Publikation in der Deutschen National-
bibliografie; detaillierte bibliografische Daten sind im Internet über http://dnb.d-
nb.de/ abrufbar.

Impressum:

Copyright © 2019 GRIN Verlag
Druck und Bindung: Books on Demand GmbH, Norderstedt Germany
ISBN: 9783668878600

Dieses Buch bei GRIN:

https://www.grin.com/document/459295

Rebecca Rederer

Psychosoziale Therapien bei chronisch psychischen Erkrankungen. Über die Möglichkeiten der klinischen Sozialarbeit in der Sozialpsychiatrie

GRIN Verlag

GRIN - Your knowledge has value

Der GRIN Verlag publiziert seit 1998 wissenschaftliche Arbeiten von Studenten, Hochschullehrern und anderen Akademikern als eBook und gedrucktes Buch. Die Verlagswebsite www.grin.com ist die ideale Plattform zur Veröffentlichung von Hausarbeiten, Abschlussarbeiten, wissenschaftlichen Aufsätzen, Dissertationen und Fachbüchern.

Besuchen Sie uns im Internet:

http://www.grin.com/

http://www.facebook.com/grincom

http://www.twitter.com/grin_com

HOCHSCHULE FÜR ANGEWANDTE WISSENSCHAFTEN LANDSHUT

FAKULTÄT SOZIALE ARBEIT

Hausarbeit zum Thema

Psychosoziale Therapien bei chronisch psychischen Erkrankungen
- Über die Möglichkeiten der klinischen Sozialarbeit in der Sozialpsychiatrie

vorgelegt von:

Rebecca Rederer

Klinische Sozialarbeit (M.A.)

2. Fachsemester

Eingereicht am: 21.01.2019

Abstract

Moderne Entwicklungen und vor allem deren Etablierung in das Aufgabengebiet der Sozialpsychiatrie stehen trotz Psychiatrie-Enquete und häufiger Diskussionen erst am Anfang. Dennoch ist es wichtig, sich zunehmend mit moderneren Ansätzen sowie einer verstärkten Beachtung der sozialen Dimension hinsichtlich der Entstehung und Genese einer psychischen Erkrankung auseinanderzusetzen, um die Wirksamkeit von Behandlungen zu bewahren bzw. zu steigern. Diese Arbeit beschäftigt sich daher vordergründig mit den Möglichkeiten der klinischen Sozialarbeit in der Sozialpsychiatrie in Bezug auf psychosoziale Therapie- und Behandlungsmöglichkeiten chronisch psychischer Erkrankungen. Dabei wird in der Bearbeitung der Fokus auf die Vorbeugung von Chronifizierungsprozessen sowie der Minimierung der Auswirkungen solcher Prozesse gelegt. Die theoretischen Erkenntnisse lassen darauf schließen, dass die klinische Sozialarbeit einen bedeutenden Beitrag angesichts der Behandlungsgrundlagen und der Wirksamkeit psychosozialer Therapien leisten kann, indem sie die bio-psycho-soziale Perspektive als Grundlage ihres Handelns sieht und somit der sozialen Dimension der Erkrankung mehr Aufmerksamkeit zukommen lässt. Ebenso die modernen Behandlungsansätze, wie Recovery und die bedürfnisangepasste Behandlung aus den skandinavischen Ländern, scheinen die Perspektive der klinischen Sozialarbeit einzuschließen. Anzumerken ist jedoch, dass der ausschließliche Einsatz psychosozialer Interventionen kein Ziel moderner Entwicklungen sein, sondern lediglich die Behandlungsmöglichkeiten der Sozialpsychiatrie durch die soziale und psychologische Dimension erweitern soll.

Inhaltsverzeichnis

1 Einleitung

„Die Psychiatrie ist eine soziale

- oder sie ist keine!"

(Klaus Dörner)

Das Zitat spiegelt im wesentlichen Sinne das wider, was durch einen Paradigmenwechsel innerhalb der psychiatrischen Versorgungslandschaft erreicht werden soll: der Einbezug sozialer Faktoren innerhalb der Behandlung psychischer Erkrankungen. Die Sozialpsychiatrie befindet sich im ständigen Wandel und beschäftigt sich zunehmend, nicht zuletzt aufgrund der Psychiatrie-Enquete in den 1970er Jahren, mit modernen Entwicklungen in der Behandlung psychisch kranker Menschen. Mittlerweile geht es nicht mehr nur um biologische oder medizinische Aspekte. Auch den sozialen und psychologischen Faktoren wird verstärkt Beachtung geschenkt (vgl. Clausen, u.a. 2016: 12ff.). Betrachtet man neuere Modelle zur Entstehung psychischer Erkrankungen wird ersichtlich, welch großen Stellenwert soziale Umgebungsfaktoren einnehmen und somit auch in die Versorgung und Behandlung psychisch erkrankter Menschen aufgenommen werden sollten (vgl. Schneider, u.a. 2017: 7ff.). Psychische Erkrankungen zeichnen sich häufig durch komorbide Störungen sowie einen chronischen Verlauf aus, weshalb die aktuelle Situation des Versorgungssystems der Sozialpsychiatrie - trotz moderner Entwicklungen - kritisch betrachtet werden muss. Die Sozialpsychiatrie ist daher ferner auch immer wieder dazu angehalten, sich mit der Wirksamkeit psychosozialer Interventionen auseinanderzusetzen, um eine Verbesserung hinsichtlich der Versorgung gewährleisten zu können.

In der vorliegenden Arbeit soll der Fokus auf die Möglichkeiten der klinischen Sozialarbeit in der Sozialpsychiatrie hinsichtlich der Einbindung und Implementierung psychosozialer Therapie- und Behandlungsverfahren bei psychischen Erkrankungen mit chronischem Verlauf gelegt werden. Neben der Frage nach den Möglichkeiten der klinischen Sozialarbeit ist es unter anderem von Bedeutung, sich mit der Entstehung psychischer Störungen und möglichen Chronifizierungsprozessen sowie deren negativen Auswirkungen auf das Individuum zu beschäftigen. Daher wird im 2. Kapitel ein Überblick über die Epidemiologie und Ätiologie psychischer Erkrankungen sowie Komorbidität und Chronizität gegeben. Im Anschluss daran soll in Kapitel 3 der Frage nachgegangen werden, welche Grundlagen in der Behandlung chronisch psychisch erkrankter Menschen essenziell sind und welche psychosozialen Therapie-und Behandlungsmöglichkeiten hinsichtlich der Vermeidung und Vorbeugung von Chronifizierung eingesetzt werden können. Dabei werden zwei Behandlungsansätze vorgestellt, die im wesentlichen Sinne der bio-psycho-soziale Perspektive der klinischen Sozialarbeit Beachtung schenken: der Recoveryansatz sowie der Ansatz der bedürfnisangepassten Behandlung. Im weiteren Verlauf der Arbeit (Kapitel 4) soll der Beitrag der klinischen Sozialarbeit in der Sozialpsychiatrie verdeutlicht werden, indem die Frage nach der Wirksamkeit psychosozialer Therapie- und Behandlungsverfahren bearbeitet wird und die Möglichkeiten der Vorbeugung von Chronifizierung zusammenfassend aufgezeigt werden. Die Diskussion im 5. Kapitel soll die theoretischen Erkenntnisse kritisch beleuchten und die Arbeit in angemessener Art und Weise abschließen.

2 Chronisch psychische Erkrankungen im Überblick

Um darauf eingehen zu können, inwiefern es sinnvoll ist, Behandlungsansätze sowie Sichtweisen der klinischen Sozialarbeit in der Versorgungsstruktur der Sozialpsychiatrie zu berücksichtigen bzw. zunehmend zu integrieren, wird im Folgenden ein kurzer Überblick über die Epidemiologie psychischer Erkrankungen gegeben und auf komorbide Störungen sowie die Chronifizierung psychischer Erkrankungen und deren Folgen eingegangen.

2.1 Epidemiologie

Die Zahl psychisch erkrankter Menschen ist in den letzten Jahrzehnten angestiegen, wobei einer der wesentlichen Gründe für den Anstieg darin liegt, dass „durch Aufklärungs- und Öffentlichkeitsarbeit [psychische Erkrankungen] in den letzten Jahren mehr in das Bewusstsein der Bevölkerung gerückt [sind]" und sich Betroffene dadurch vermehrt in Behandlung begeben (vgl. Schneider u.a. 2017: 4). In den gängigen Klassifikationssystemen, wie dem ICD-10 oder DSM-VI, werden psychische Erkrankungen bzw. Störungen hinsichtlich ihrer Symptome und Diagnosekriterien beschrieben. Auch die Weiterentwicklung dieser Klassifikationssysteme und die damit verbundene Aufnahme neuer Störungsbilder kann für den Anstieg der Anzahl psychisch erkrankter Menschen verantwortlich gemacht werden (vgl. Gruber, u.a. 2018a: 73).

In der Studie zur Gesundheit Erwachsener in Deutschland und ihrem Zusatzmodul Psychische Gesundheit (DEGS1-MH) wird anhand der Ergebnisse davon ausgegangen, dass in den letzten 12 Monaten vor Beginn der Untersuchung „etwa jede dritte Frau (33,3%) und etwa jeder vierte bis fünfte Mann (22,0%) die Kriterien für mindestens eine [psychiatrische Diagnose erfüllt]" (Jacobi, u.a. 2014: 81). Unter der geschätzten Gesamtprävalenz von 27,7% unter den 18 - 79 - Jährigen kommen Angststörungen, affektive Störungen sowie Abhängigkeitserkrankungen am häufigsten vor, wobei ca. die Hälfte aller Betroffenen unter mehr als einer psychischen Erkrankung leiden und geschlechtsspezifische Unterschiede hinsichtlich der Häufigkeit des Auftretens verschiedener Störungen betrachtet werden können (vgl. ebd.). Dabei kann von einem Risiko von über 50% ausgegangen werden, im Laufe des Lebens an einer psychischen Störung zu erkranken (vgl. Jacobi, u.a. 2013: 202). Erwähnenswert ist in diesem Zusammenhang unter anderem, dass Betroffene trotz allem nur selten in Kontakt mit dem Versorgungssystem kommen und somit nur wenig adäquate Hilfsangebote in Anspruch genommen werden. Jacobi, u.a. (2014) gehen aufgrund ihrer Untersuchungsergebnisse davon aus, dass lediglich 32% der Betroffenen mit nur einer Diagnose in Kontakt mit dem Versorgungssystem stehen, wobei ein Großteil dieser Kontakte bereits vor mehr als einem Jahr vor Beginn der Studie stattfanden. Bei Menschen mit einer hohen Anzahl an gleichzeitig vorliegenden psychischen Erkrankungen - mindestens vier Diagnosen - steigt die Anzahl der Kontakte zum Versorgungssystem auf knapp 74% an, wobei hier auch solche Kontakte einbezogen werden, die noch in keiner Weise einer adäquaten psychotherapeutischen oder sozialpädagogischen Beratung und Behandlung entsprechen (ebd.).

Hier wird jedoch ein Widerspruch erkennbar, den es unter Umständen näher zu betrachten gilt. Einerseits wird davon ausgegangen, dass die Zahl der Menschen mit einer psychischen Erkrankung angestiegen ist, da diese sich durch verbesserte Aufklärung eher in Behandlung begeben. Andererseits zeigen die geringen Zahlen derer, die sich tatsächlich in Behandlung begeben sowie die noch geringeren Zahlen derer, die eine adäquate und wirksame Behandlung bekommen, dass scheinbar weiterhin Bedarf darin besteht, das Versorgungssystem der Sozialpsychiatrie zunehmend auszubauen.

2.2 Ätiologie und Komorbidität psychischer Störungen

Wie bereits an den epidemiologischen Zahlen erkennbar, erkrankt im Schnitt jeder zweite Mensch im Laufe seines Lebens an einer psychischen Erkrankung, wobei wiederum die Hälfte davon an mehr als einer Erkrankung leidet. „13 % [sind] sogar von vier oder mehr Diagnosen betroffen" (Jacobi, u.a. 2017: 139). Im Folgenden wird daher darauf eingegangen, welche ätiopathogenetischen Faktoren die Entstehung einer psychischen Erkrankung begünstigen und inwieweit dies mit der hohen Anzahl komorbider Störungen assoziiert werden kann. Wichtig in diesem Zusammenhang ist vor allem die Tatsache, dass Menschen mit Doppel - oder

Mehrfachdiagnosen und chronischem Krankheitsverlauf häufiger Hilfsangebote in Anspruch nehmen (ebd.), was auf eine höhere Krankheitslast und erhöhten Leidensdruck schließen lässt.

Was aber führt zur Entstehung von Komorbidität? In der Forschung stellt sich dabei vor allem die Frage, „inwieweit z. B. „frühe" psychische Störungen (im Sinne von Erstmanifestation zumeist im Kindes- und Jugendalter) Risikofaktoren für spätere Störungen sein können" (ebd.). Aber nicht nur der Zeitpunkt der Erstmanifestation einer psychischen Störung stellt einen Faktor für die Entstehung von komorbiden Störungen dar. Es kann auch vermerkt werden, dass Menschen mit einer psychischen Erkrankung häufig unter somatischen Erkrankungen leiden, wobei diese unter anderem auch „einen Risikofaktor für die Manifestation einer psychischen Erkrankung darstellen" (Schneider u.a. 2017: 7). Aber auch Abhängigkeitserkrankungen repräsentieren oftmals eine komorbide Störung - auch in Form von Selbstmedikation - dar (vgl. Clausen, u.a. 2016: 79). Neben dem Zeitpunkt der Erstmanifestation bzw. dem Auftreten früher Symptome sind vor allem auch *biologische Faktoren* (wie die genetische Disposition oder - wie eben genannt - das Vorliegen somatischer Erkrankungen) und *psychosoziale Faktoren* (wie beispielsweise Konflikte im Hinblick auf die Bewältigung von Entwicklungsaufgaben oder auch Belastungen im sozialen Umfeld) von großer Bedeutung für die Entstehung psychischer Störungen (vgl. Schneider, u.a. 2017: 8f.). Die Vulnerabilität sowie auslösende (z.B. Krisensituationen) und aufrechterhaltende Faktoren (z.B. geringes Selbstwertgefühl) begünstigen die Entstehung einer psychischen Erkrankung, wobei Schutzfaktoren der Entstehung entgegenwirken oder den Verlauf positiv beeinflussen können (ebd.). Dies zeigt sich auch in folgender Abbildung:

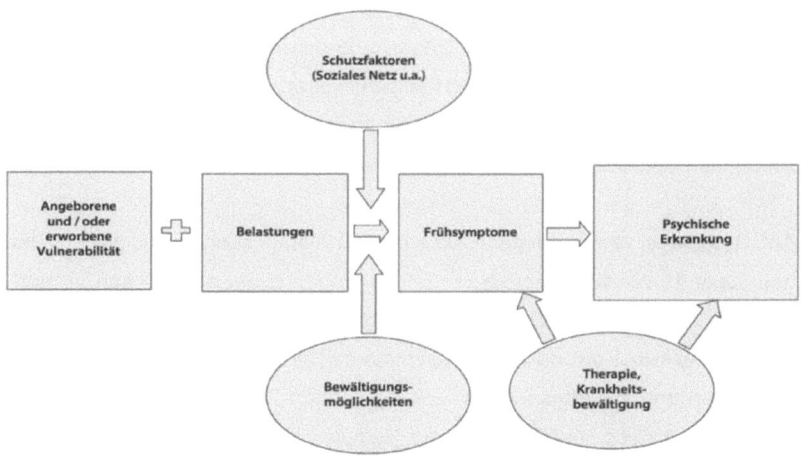

Abb. 1: Multikausale Genese psychischer Erkrankungen (Schneider, u.a. 2017: 8)

Die Entstehung einer psychischen Erkrankung beruht also auf einem multikausalen Zusammenspiel biologischer, psychischer und sozialer Faktoren, die unter anderem auch den Verlauf der Erkrankung beeinflussen. Sowohl die hohe Anzahl an komorbiden Störungen bei psychisch erkrankten Menschen als auch die geringe Zahl der Kontakte zum Versorgungssystem sowie die Bedeutung der Erstmanifestation einer psychischen Erkrankung meist im Kindes- und Jugendalter bzw. die frühe Symptomatik lassen darauf schließen, dass das Versorgungssystem der Sozialpsychiatrie nur für einen geringen Personenkreis entsprechende Hilfe leisten kann und daher ein Ausbau des Versorgungssystems sowie der Einbezug einer bio-psycho-sozialen Perspektive als unerlässlich erscheint.

2.3 Chronifizierung und deren Folgen

Anhand der epidemiologischen Erkenntnisse wird ersichtlich, „dass die Wahrscheinlichkeit, Kontakt mit Behandlungseinrichtungen [...] zu haben, stark mit der Komorbidität und auch der Krankheitsdauer (Chronifizierung) assoziiert ist" (Jacobi, u.a. 2013: 196). Daher ist es unter anderem von Bedeutung, sich mit der Chronifizierung psychischer Störungen und deren Folgen auseinanderzusetzen. Im Folgenden wird anhand des Krankheitsbildes der Depression versucht, auf die Chronizität psychischer Erkrankungen und die damit einhergehenden negativen

Auswirkungen aufmerksam zu machen. Die Depression wird dabei als Beispiel gewählt, da diese „die häufigste Erkrankung aus der Gruppe der affektiven Störungen dar[stellt]" (Gruber, u.a. 2018a: 66), wobei anzumerken ist, dass jede psychische Erkrankung chronisch verlaufen kann, darunter vor allem auch bei Menschen mit Psychosen (vgl. Clausen, u.a. 2016:77f.).

Auf Grundlage verschiedener Studien und Untersuchungen „ist davon auszugehen, dass 15 bis 40% depressiver Erkrankungen einen chronischen Verlauf nehmen" (Böker 2009: 17). Es wird von chronischer Depression gesprochen, sobald eine depressive Episode mit Kernsymptomen wie Antriebslosigkeit, Verlust von Interessen und Niedergeschlagenheit über einen Zeitraum von zwei Jahren hinausgeht und keine Verbesserung der Symptomatik in Sicht ist (vgl. Gruber, u.a. 2018a: 66f.). Auch hier können das Vorliegen komorbider und somatischer Erkrankungen sowie intrapersonelle und destruktive Faktoren im sozialen Umfeld dazu führen, dass weitere depressive Episoden folgen und eine Chronifizierung droht (ebd.). Es kann davon ausgegangen werden, „dass der soziale Entwicklungsstand und die Lebensbewältigung vor dem Ausbruch der Erkrankung einen erheblichen Einfluss auf ihren Verlauf haben - genauso wie das soziale Leben während und mit der Erkrankung" (Clausen, u.a. 2016: 78). „Nach Schätzungen der Weltgesundheitsorganisation (WHO) ist Depression eine der häufigsten Krankheiten weltweit, die mit erheblicher symptomaler Belastung und funktioneller Einschränkung einhergeht" (Staun, u.a. 2010: 299). Neben den bereits genannten Kernsymptomen, zu denen auch sozialer Rückzug und Isolation gehören, kommt vor allem bei chronischen Krankheitsverläufen erschwerend hinzu, dass lange Krankenhaus- bzw. Klinikaufenthalte mit weiteren Brüchen im sozialen Netz, Arbeitsplatzverlust, finanziellen Probleme usw. einhergehen (vgl. Bosshard, u.a. 2013: 191ff.; Clausen, u.a. 2016: 77ff.). Neben den negativen Auswirkungen chronischer Depression sind es vor allem auch die komorbiden Störungen, wie beispielsweise Abhängigkeitserkrankungen, welche häufig zusammen auftreten und die Behandlung der Betroffenen erschweren (vgl. Schramm 2006: 356). Im Allgemeinen können Arbeitslosigkeit bzw. Arbeitsunfähigkeit, verringerte Lebenserwartung und Ausschluss an der Teilhabe am sozialen Leben als Folgen von Chronifizierung genannt werden (vgl. Valdes-Stauber 2009: 564). Franke (2010) beschreibt unter anderem, dass Menschen mit chronischem Krankheitsverlauf passives Verhalten sowie eine hoffnungslose Haltung ihrer Erkrankung gegenüber zeigen, welche den Gedanken einschließt, dass eine selbstbestimmte Veränderung nicht möglich ist. Neben einer passiven Grundhaltung zeichnet sich der chronische Verlauf einer psychischen Erkrankung durch geringe Verantwortungsübernahme, mangelnde Sozialkontakte und vermeidendem Verhalten aus (vgl. Franke 2010: 254f.)

Auf Grundlage der multikausalen Entstehung psychischer Störungen sowie der erhöhten Komorbidität und Chronizität ist es unerlässlich „eine komplexe, multiprofessionelle, vernetzte Versorgung" (Bühring 2013: 2115) zu gewährleisten, um den Auswirkungen chronisch verlaufender psychischer Erkrankungen entgegenzuwirken. Bereits zu Zeiten der Psychiatrie-Enquete in den 1970er Jahren wurde zu einer größeren Versorgungslandschaft im ambulanten Bereich aufgerufen (ebd.). Hier könnte vor allem die klinische Sozialarbeit mit Hilfe der bio-psycho-sozialen Perspektive und dem großen Einsatzbereich der Fachkräfte klinischer Sozialarbeit eine vernetzte und lückenlose Versorgung gewährleisten.

3 Grundlagen in der Behandlung chronisch psychischer Erkrankungen

Widmet man sich den Grundlagen in der Behandlung chronisch psychischer Erkrankungen, welche sowohl komorbide Störungen beachten als auch eine multiprofessionelle Behandlung anstreben sollten, so wird auf Grundlage der ätiologischen und epidemiologischen Befunde ersichtlich, dass ein bio-psycho-soziales Krankheitsverstehen notwendig ist, um eine nachhaltig wirksame Behandlung gewährleisten zu können. Im Folgenden wird kurz der Status-Quo des Versorgungssystems in der Sozialpsychiatrie aufgezeigt. Anschließend werden bereits vorhandene psychosoziale Therapie- und Behandlungsmöglichkeiten vorgestellt. Um die Notwendigkeit einer bio-psycho-sozialen Perspektive der klinischen Sozialarbeit in der Sozialpsychiatrie zu verdeutlichen, werden im Anschluss daran beispielhaft zwei moderne Behandlungsansätze der klinischen Sozialarbeit skizziert, die vor allem auch darauf abzielen, einer Chronifizierung entgegenzuwirken bzw. die negativen Folgen zu minimieren.

3.1 Versorgungssystem in der Sozialpsychiatrie

Wie bereits genannt wird seit der Psychiatrie-Enquete versucht, die Versorgungslandschaft psychisch kranker Menschen auszubauen und umzustrukturieren, um eine gemeindenahe und ambulante Behandlung zu erlangen, die sich zunehmend an den Bedürfnissen der Betroffenen orientieren soll (vgl. Kallert, u.a. 2017: 1290ff.). Im Folgenden wird daher kurz dargestellt, wie das Versorgungssystem der Sozialpsychiatrie zum jetzigen Zeitpunkt aufgestellt ist und welche Rolle die klinische Sozialarbeit in diesem Zusammenhang spielt.

Das Versorgungssystem in der Sozialpsychiatrie beruht mittlerweile nicht mehr nur auf medizinischer Behandlung, sondern berücksichtigt zunehmend soziale und psychologische Perspektiven (vgl. Gruber, u.a. 2018b: 6ff.) und bietet dahingehend ein facettenreiches Behandlungs- und Versorgungsangebot (vgl. Treeck, u.a. 2017: 12). „Versorgungsleistungen umfassen neben Information und Aufklärung über psychische Erkrankungen auch Maßnahmen zur Früherkennung und Prävention, Diagnostik und Therapie, Krisenintervention, Beratung, Betreuung und medizinische, berufliche und soziale Rehabilitation" (Treeck, u.a. 2017: 12). Neben stationärer und teilstationärer Behandlung in Fachkrankenhäusern oder forensischen Psychiatrien und ambulanten Versorgungsangeboten, wie beispielsweise häuslicher Krankenpflege oder dem betreuten Einzelwohnen, spielen unter anderem die medizinische Rehabilitation sowie die fachärztliche Behandlung, aber auch die Angliederung an Beratungsstellen, Selbsthilfegruppen, o.ä. eine wichtige Rolle. Die Vielfältigkeit der Angebote sowie eine oftmals mangelnde kooperative Zusammenarbeit und die regionalen Unterschiede hinsichtlich der Behandlungsmöglichkeiten sorgen jedoch immer noch dafür, dass eine adäquate und lückenlose Versorgung oftmals nicht gewährleistet werden kann (ebd.). Wird nun die Tatsache berücksichtigt, dass „soziale Faktoren [...] maßgebliche Faktoren für psychische Krankheiten und diese wiederum [...] häufig Ursache für gesellschaftliche Ausschlussprozesse [sind], die sich wiederum auf den Verlauf der psychischen Krankheit und die Lebenssituation der Erkrankten auswirken" (Sommerfeld, u.a. 2016: 8), so erscheint ein weiterer Ausbau der Versorgungslandschaft und die Einbindung von Fachkräften aus unterschiedlichen Berufsgruppen erforderlich und erstrebenswert. Der Einbezug der Faktoren auf sozialer Ebene und psychosozialer Interventionen in Orientierung an der Lebenswelt der Betroffenen, die den Verlauf der Erkrankung maßgeblich mitbestimmen, können vor allem durch den Einsatz der klinischen Sozialarbeit vermehrt in den Behandlungsplan miteinbezogen werden (vgl. Pauls 2013: 16ff.). Insbesondere für Menschen mit einer chronisch psychischen Erkrankung ist es essenziell, dass sich die Versorgung nicht nur auf stationäre, teilstationäre oder ambulante Angebote beschränkt, sondern dass diese auf komplementärer Ebene stattfinden kann, was vor allem für fließende Übergänge zwischen den einzelnen Versorgungsbereichen sorgen soll, beispielsweise durch psychiatrische Wohneinrichtungen, Begegnungsstätten usw. (vgl. DGPPN 2005: 16ff.).

Spätestens seit der Psychiatrie-Enquete hat sich die Versorgungslandschaft in der Sozialpsychiatrie deutlich verändert. Jedoch gilt weiterhin zu bedenken, dass einerseits nur geringer Kontakt zum Versorgungssystem seitens der Betroffenen besteht und andererseits mangelnde Vernetzung und Kooperation sowie regionale Unterschiede eine nachhaltig wirksame Behandlung und Versorgung erschweren.

Die Profession der klinischen Sozialarbeit berücksichtigt durch ihre bio-psycho-soziale Perspektive vor allem auch die soziale Komponente, die sowohl als ursächlich für die Entstehung, als auch als aufrechterhaltende Bedingung und Folge der psychischen Störung angesehen werden kann, was die Notwendigkeit der klinischen Sozialarbeit hinsichtlich einer komplementären Versorgungsstruktur unterstreicht.

3.2 Psychosoziale Therapie- und Behandlungsmöglichkeiten

Durch den Ausbau der Versorgungslandschaft und dem vermehrten Einbezug der Themen Inklusion und Teilhabe am sozialen Leben zählen mittlerweile neben Pharmakotherapie und psychotherapeutischen Verfahren unter anderem auch psychosoziale Therapien zu den Behandlungsmöglichkeiten psychisch Erkrankter. Diese Integration psychosozialer Therapien führt zu einer Annäherung an eine bio-psycho-soziale Perspektive sowie zu einer Möglichkeit der Behandlung auf multidimensionaler Ebene (vgl. Becker, u.a. 2017: 1193), was insbesondere für chronisch psychisch kranke Menschen von hoher Bedeutung ist. Im weiteren Verlauf werden daher einige dieser psychosozialen Therapie- und Behandlungsmöglichkeiten dargestellt, die vor allem bei Menschen mit schweren psychischen Erkrankungen Wirksamkeit zeigen sollen.

Vorweg ist zu erwähnen, dass „[p]sychosoziale Therapieverfahren [...] auf eine Stärkung der Betroffenen für ein weitgehend selbstständiges und erfülltes Leben in ihrem natürlichen Lebensumfeld [abzielen]" (Becker, u.a. 2017: 1193). Dabei kann unterschieden werden zwischen Einzel- und Systeminterventionen, wobei bei Einzelinterventionen zumeist eine Fachkraft für die Behandlung zuständig ist und Systeminterventionen versuchen, mit Hilfe eines multiprofessionellen Teams aus unterschiedlichen Behandlungskontexten ein möglichst breites Angebot zu gewährleisten (vgl. Gühne, u.a. 2014a: 14). Zu den Einzelinterventionen gehören beispielsweise Ansätze des sozialen Kompetenztrainings, ergotherapeutische Verfahren, Kunsttherapie, psychoedukative Interventionen oder auch Sporttherapie (vgl. Gühne, u.a. 2014a: 14ff.; vgl. Becker, u.a. 2017: 1198ff.). Systeminterventionen hingegen beziehen vor allem Ansätze einer gemeindepsychiatrischen Versorgung, z.B. durch Behandlungsangebote der Institutionsambulanzen oder aufsuchende Unterstützungsangebote sowie das Case Management, mit ein. Neben der gemeindepsychiatrischen Versorgung zählen zu den Systeminterventionen auch berufliche Rehabilitationsmaßnahmen, z.B. Beschäftigungs- und Arbeitstherapie, sowie Hilfen zur Teilhabe am gesellschaftlichen und sozialen Leben, wie beispielsweise durch spezielle Wohnformen, wie das betreute Wohnen, therapeutische Wohngemeinschaften oder auch Kontakt-und Begegnungsstätten (vgl. Gühne, u.a. 2014a: 20ff.).

Obwohl psychosoziale Behandlungsansätze zunehmend in das Versorgungssystem integriert werden und - wie bereits genannt - eine Behandlung auf komplementärer Ebene insbesondere bei Menschen mit schweren psychischen Erkrankungen bzw. bei psychischen Störungen mit chronischem Verlauf indiziert ist, gelingt zumeist noch kein fließender Übergang und somit keine lückenlose Versorgung. Dabei kann der Einbezug klinischer Sozialarbeit dazu beitragen, geeignete Perspektiven und Sichtweisen mit einzubeziehen und gelingende Kooperation und Vernetzung zu ermöglichen.

3.3 Behandlungsansätze der klinischen Sozialarbeit

Die eben beschriebenen psychosozialen Therapie- und Behandlungsmöglichkeiten beschreiben in erster Linie eine Reihe von Einzelinterventionen, die von spezifisch für das jeweilige Angebot ausgebildeten Fachkräften durchgeführt werden, wie beispielsweise von einem Ergotherapeuten bzw. einer Ergotherapeutin. Im weiteren Verlauf soll jedoch der Fokus auf die Behandlungsmöglichkeiten der klinischen Sozialarbeit gelegt werden, welche eine multidimensionale und integrative Behandlung anbieten. Daher werden im Folgenden die Ansätze Recovery und Empowerment sowie der Ansatz der bedürfnisangepassten Behandlung (need-adapted treatment) vorgestellt. Die Darstellung weiterer Behandlungsansätze der klinischen Sozialarbeit in der Sozialpsychiatrie, wie beispielsweise der Inklusionsgedanke, der Einbezug von Peer-Gruppen bzw. EX-IN-Genesungsbegleitern und präventive Behandlungsmöglichkeiten sowie der Trialoggedanke (vgl. Clausen, u.a. 2016), kann aufgrund des begrenzten Rahmens dieser Arbeit nicht erfolgen.

3.3.1 Recovery und Empowerment

Der Recovery-Begriff „könnte mit ‚Genesung' oder ‚Wiedererlangung der Gesundheit' übersetzt werden, ein wirklich treffender deutschsprachiger Begriff ist noch nicht gefunden" (Knuf 2016: 13). Zunächst waren es Betroffene selbst, die aufgrund chronischer oder schwerer psychischer Erkrankungen als „nichttherapierbar" galten und diese defizitorientierte und negative Prognose nicht akzeptieren wollten (vgl. ebd.). Mittlerweile ist der Recovery-ansatz vor allem im sozialpsychiatrischen Versorgungssystem angekommen (vgl. Gruber, u.a. 2018c: 50). Im Folgenden soll aufgezeigt werden, was Recovery bedeutet und in welchem Zusammenhang dieser Ansatz mit dem Empowermentansatz steht.

„Die theoretische Grundlage der Recovery geht davon aus, dass sich Menschen mit psychischen Problemen (insbesondere Psychosen) eher durch soziale Rollen und Beziehungen sowie durch das Selbstkonzept neu definieren können als durch die Behandlung ihrer Symptome und Einschränkungen." (Dammann 2014: 1156). Ein zentrales und bedeutendes Prinzip des Recoveryansatzes ist es also, vor allem die vorherrschenden Annahmen über die Bedeutung von Gesundheit und Erkrankung zu hinterfragen, sich damit oftmals negativ behafteten psychiatrischen Diagnosen und Prognosen entgegenzustellen und vor allem Hoffnung und Zuversicht zu etablieren, mit der Aussicht, dass jeder Mensch zu einem für ihn zufriedenstellenden Leben zurückfinden kann (vgl. Clausen, u.a. 2016: 41ff.; vgl. Knuf 2016: 15ff.). Neben einer bestimmten veränderten Grundhaltung, die der Recoveryansatz mit sich bringt, beschäftigt sich die Recovery-Forschung damit, welche Faktoren Zuversicht und Hoffnung begünstigen. Dabei „greift [sie] auf bereits vorliegende Konzepte und Ansätze der letzten Jahrzehnte zurück und stellt folgende Fragen:

- *Krankheitseinsicht/Compliance/Adherence:* Fördert die Akzeptanz der Diagnose und der Krankenrolle den Verlauf?
- *Remission:* Weshalb werden manche Patienten wieder gesund?
- *Coping:* Welche Bedeutung hat das eigene Verhalten für die soziale Unterstützung durch das Umfeld?

- *Resilienz:* Weshalb verlaufen manche Entwicklungen auch unter widrigen Umständen positiv; welche Faktoren schützen vor Chronifizierung?
- *Stigmatisierung:* Was führt zu Stigmatisierung und Selbststigmatisierung und wie kann sie individuell verhindert werden?" (Clausen, u.a. 2016: 42f.),

Durch eine Grundhaltung, die sich durch Hoffnung und Zuversicht auszeichnet sowie auf eine „Überwindung der Unterscheidung von ‚gesund' und ‚krank'" (Knuf 2016: 16) abzielt, kann es gelingen, den Prozess der Genesung zu erleichtern sowie einer Chronifizierung entgegenzuwirken. Dabei spielt immer auch die professionelle Beziehungsgestaltung eine entscheidende Rolle, wenn es darum geht, Hoffnung und Zuversicht zu vermitteln und zu stärken (vgl. Clausen, u.a. 2016: 43). Recovery als Grundhaltung zielt dabei darauf ab, Empowerment-Prozesse zu ermöglichen und somit den Prozess der Genesung voranzubringen. Empowerment bedeutet „Selbstbefähigung oder Selbstermächtigung" (Gruber, u.a. 2018c: 52) und beinhaltet „Elemente wie Selbstbestimmung, Selbsthilfe und gesellschaftliche Teilhabe" (Knuf 2018: 10). „Das Ziel von Empowerment ist [jedoch] inzwischen nicht mehr nur die Emanzipation und Partizipation psychisch kranker Menschen, sondern *Recovery*, also die Genesung, im besten Falle sogar auf einem veränderten, höheren Niveau" (Clausen, u.a. 2016: 42). Das bedeutet wiederum auch, dass sich empowerment- und recoveryorientiertes Arbeiten gegenseitig bedingt und daher gemeinsam stärker in den Behandlungsprozess integriert werden sollte. Unter anderem sind neben dem Konzept des Empowerment auch „Ansätze von gegenseitiger Unterstützung (Peer support) Kernbestandteil recoveryorientierter Praxis" (Gühne, u.a. 2014b: 11)

Da sich die Ansätze Recovery und Empowerment vor allem mit sozialen Faktoren der Genesung auseinandersetzen, wie beispielsweise der Teilhabe am sozialen Leben, und klassische bzw. traditionelle Vorstellungen von Gesundheit und Krankheit in Frage stellen, gelingt es diesen Ansätzen, neue Perspektiven zu schaffen sowie die bio-psycho-soziale Sichtweise der klinischen Sozialarbeit in angemessener Weise zu vertreten und in das Versorgungssystem der Sozialpsychiatrie zu integrieren. Durch den ressourcenorientierten Blick beider Ansätze wird unter anderem versucht, die Entstehung chronischer Verläufe zu verhindern bzw. die Folgen einer Chronifizierung zu minimieren.

3.3.2 Bedürfnisangepasste Behandlung (need-adapted treatment)

Neben dem Recovery-Ansatz existieren zahlreiche weitere Ansätze, die infolge der Psychiatrie-Enquete entwickelt wurden. Im weiteren Verlauf wird daher auf das Konzept der „bedürfnisangepassten Behandlung" eingegangen, welches vordergründig in Skandinavien entwickelt und umgesetzt wurde (vgl. Clausen 2016: 25ff.) und systemisches und subjektorientiertes Vorgehen zu verbinden versucht (vgl. Haselmann 2008: 365ff.).

Der Ansatz der bedürfnisangepassten Behandlung geht davon aus, dass Psychosen Bewältigungsstrategien eines Individuums darstellen, mit deren Hilfe es versucht, Krisen zu überstehen (vgl. Clausen 2016: 25). Aufgrund dieser Annahme ist es daher von enormer Bedeutung, das soziale Umfeld des Betroffenen in den Behandlungsprozess zu integrieren, da die Krisen und Konflikte des Individuums häufig im familiären Umfeld entstehen (vgl. ebd.). Im Vordergrund bei diesem Konzept stehen neben der Frage nach der Bedeutung des professionellen Handelns unter anderem die „Bewältigung der psychiatrischen Probleme (im Sinne von Recovery) und [die] Vermeidung von Chronizität" (Haselmann 2010: 271), was vor allem durch adäquate und an das Individuum angepasste psychosoziale Therapien erfolgen soll (vgl. Haselmann 2008: 366). Durch die systemische Perspektive und den damit verbundenen Einbezug aller im sozialen Umfeld beteiligten Personen von Anfang an soll es gelingen, „Verbindungen zwischen dem symptomatischen Verhalten und Besonderheiten der familiären Kommunikation" (ebd.) zu erkennen und aufzulösen. Die Behandlungsdauer beträgt in der Regel mindestens fünf Jahre und soll so einen Unterstützungsprozess seitens der Fachkräfte ermöglichen, der sich durch Kontinuität und Sicherheit auszeichnet (vgl. Clausen 2016: 26ff.; vgl. Haselmann 2008: 367). Der Behandlungsansatz eignet sich jedoch nicht mehr nur bei Erstmanifestationen psychischer Erkrankungen, sondern kann mittlerweile auch bei weiteren Episoden und akuten Krisen zur Anwendung kommen (vgl. ebd.). Betroffene sollen in jeder Phase des Prozesses mit einbezogen und die weiteren Schritte jeweils auf die individuellen Bedürfnisse zugeschnitten werden (vgl. Clausen 2016: 27), wodurch sie unter anderem wieder Selbstermächtigung und Partizipation erfahren sollen. Dabei kann die Durchführung der bedürfnisangepassten Behandlung nur erfolgen, wenn „alle im psychiatrischen Hilfesystem tätigen Mitarbeiter geeignete Psychotherapieausbildungen absolviert haben und auch die entsprechenden therapeutischen Fähigkeiten für die Durchführung der Therapieversammlungen besitzen" (Haselmann 2008: 367), welche mit all denjenigen Personen durchgeführt werden, die in irgendeiner Weise an der psychischen Erkrankung beteiligt sind (vgl. Clausen 2016: 26f.). Ein Beispiel für den gelingenden Einsatz der bedürfnisangepassten Behandlung ist das „Hamburger Modell" der Universitätsklinik Hamburg-Eppendorf, welches das Konzept im Rahmen einer integrierten Versorgung vertritt und erfolgreich einsetzt (vgl. ebd.).

Durch den Einbezug der individuellen Bedürfnisse der jeweils betroffenen Person sowie die Förderung der Selbstbestimmung des Einzelnen hinsichtlich des Behandlungsprozesses (Empowerment) und der Annahme, dass psychische Erkrankungen Ausdruck destruktiver Copingstrategien sind, kann der Ansatz der bedürfnisangepassten Behandlung auch in Verbindung mit dem Recoveryansatz gebracht werden, da sich dieser ebenfalls mit Faktoren wie Coping, Resilienz usw. auseinandersetzt (vgl. 3.3.1). Der bio-psycho-sozialen Perspektive der klinischen Sozialarbeit wird durch den Einbezug sozialer und individueller Faktoren innerhalb der beiden Ansätze Beachtung geschenkt. Eine komplementäre Versorgung, wie sie zur Bewältigung psychischer Störungen sowie zur Verhinderung von Chronifizierung benötigt wird, könnte durch den Einsatz dieser Ansätze gewährleistet werden.

4 Der Beitrag der klinischen Sozialarbeit in der Sozialpsychiatrie

Die klinische Sozialarbeit bildet durch den Einsatz psychosozialer Therapien eine Schnittstelle innerhalb der Versorgungslandschaft der Sozialpsychiatrie. Betrachtet man nochmals die ursächlichen Faktoren sowie auch die Faktoren, die zur Genese einer psychischen Erkrankung beitragen, so wird ersichtlich, dass die bio-psycho-soziale Perspektive der klinischen Sozialarbeit einen bedeutenden Beitrag hinsichtlich der Behandlung (chronisch) psychisch kranker Menschen leisten kann. Dabei ist es essenziell, sich mit der Frage auseinanderzusetzen, was sich im Rahmen der Anwendung psychosozialer Therapien bei schweren psychischen Störungen als wirksam erweist. Daher werden im Folgenden Grundprinzipien dargestellt, die für einen positiven Verlauf einer Behandlung von Bedeutung sind. Im Anschluss daran soll die Notwendigkeit der klinischen Sozialarbeit zur Vorbeugung von Chronifizierung bzw. zur Minderung der Folgen einer chronisch psychischen Erkrankung nochmals verdeutlicht werden.

4.1 Die Wirksamkeit psychosozialer Therapien

Um die Möglichkeiten der klinischen Sozialarbeit in der Sozialpsychiatrie hinsichtlich psychosozialer Therapien bei chronisch psychischen Erkrankungen herauszufiltern, ist es notwendig, Wirksamkeitsfaktoren psychosozialer Therapien zu explorieren. Gühne, u.a. (2014b) beschreiben eine Reihe von Faktoren, die ausschlaggebend für den Behandlungserfolg chronisch psychisch kranker Menschen sind. Diese können wie folgt zusammengefasst werden:

- positive, professionelle Beziehung zwischen der Fachkraft und dem Betroffenen
- positive Grundhaltung seitens der Fachkraft
- genügend Aufklärungsarbeit über die Erkrankung, um eine aktive Mitgestaltung des Behandlungsprozesses zu gewährleisten
- an den Bedarfen des Betroffenen orientierte und angepasste Interventionen
- Orientierung der Therapieziele an lebensweltliche Bedingungen des Betroffenen, ständige Überprüfung und ggf. Modifizierung

- Schaffung von Möglichkeiten zur Behandlung, die mit dem Wohnort und Alltag des Betroffenen vereinbar sind
- Ermöglichung einer komplementären und flexiblen Versorgung

Diese grundlegenden Prinzipien können mit den zuvor genannten „modernen" Ansätzen der klinischen Sozialarbeit assoziiert werden. Betont wird beispielsweise wiederum die positive Grundhaltung seitens der Fachkraft, welche die Notwendigkeit einer Implementierung des Recoveryansatzes in die Versorgungslandschaft der Sozialpsychiatrie hervorhebt. Dies spiegelt sich auch in der Voraussetzung einer positiven Beziehungsgestaltung wieder, die unter anderem auch Grawe (2010) als eine der Wirkprinzipien therapeutischer Verfahren beschreibt. Aufklärende und informierende Tätigkeiten über die jeweilige psychische Erkrankung und den Behandlungsmöglichkeiten kann mit psychoedukativen und aufklärenden Verfahren als spezifische psychosoziale Interventionsmöglichkeiten in Verbindung gebracht werden (vgl. 3.2). Dabei spielt auch der Empowerment-Ansatz eine entscheidende Rolle, der selbstbestimmtes und aktives Agieren im Therapieprozess ermöglichen soll. Der Ansatz der bedürfnisangepassten Behandlung (need-adapted treatment), der im vorherigen Kapitel beschrieben wurde und sich an den Bedürfnissen der betroffenen Person orientiert, kann den Grundprinzipien einer an den Bedarfen und der Lebenswelt des psychisch erkrankten Menschen angepassten Behandlung gerecht werden. Neben den genannten Grundlagen in der Behandlung sollten die „Versorgungsangebote [...] niedrigschwellig erreichbar und in einer nicht-stigmatisierten Umgebung angesiedelt sein" (Heekeren, u.a. 2016: 45). Dabei geht es vor allem um die Früherkennung und Prävention, um Risikofaktoren, die einen chronischen Verlauf der psychischen Erkrankung begünstigen könnten, explorieren und diesen durch geeignete Interventionen entgegenzuwirken zu können (vgl. ebd.), was wiederum dem Ziel der bedürfnisangepassten Behandlung entspricht.

Die klinische Sozialarbeit bildet dabei ein Arbeitsfeld mit vielfältigen Einsatzmöglichkeiten (vgl. Pauls 2013: 177ff.), welches durch die bio-psycho-soziale Sichtweise und den an den Bedürfnissenn der Betroffenen orientierten Behandlungsprozess diese grundlegenden Prinzipien in geeignetem Maße vertreten kann. Vor allem der Bereich der ambulanten und gemeindenahen Versorgung sowie der

Einbezug sozialer Faktoren kann von der klinischen Sozialarbeit abgedeckt werden, was komplementäre und flexible Behandlungsmöglichkeiten schafft.

4.2 Die Möglichkeit der Vorbeugung von Chronifizierung

Im Zusammenhang mit der Wirksamkeit psychosozialer Therapie- und Behandlungsmöglichkeiten ist es unter anderem von Bedeutung, sich über Möglichkeiten der Vorbeugung von Chronifizierung auseinanderzusetzen. Den Folgen chronisch psychischer Erkrankungen, wie beispielsweise dem Ausschluss am sozialen Leben (vgl. 2.3), kann durch Ansätze der klinischen Sozialarbeit sowie geeignete psychosoziale Interventionen entgegengewirkt werden. Frühinterventionen bzw. präventive Maßnahmen bei Erstmanifestationen, welche einen entscheidenden Faktor in der Entwicklung von Komorbidität und Chronizität darstellen, können zur Vorbeugung von Chronifizierungsprozessen eingesetzt werden.

Aufgrund von Forschungsergebnissen aus der Psychiatrie wird davon ausgegangen, dass eine „zuversichtliche Haltung, welche die eigenen und die sozialen Ressourcen einbezieht, [...] auch schwer psychisch kranke Menschen widerstandsfähiger hinsichtlich des Risikos einer Chronifizierung machen [kann], so dass Defizitmodelle durch Resilienzmodelle ergänzt oder gar ersetzt werden könnten" (Valdes-Stauber 2009: 566). Dabei können die bereits vorgestellten Behandlungsmodelle der klinischen Sozialarbeit - Recovery und need-adapted-treatment - solche Resilienzmodelle darstellen, die eine zuversichtliche Haltung gewährleisten und Empowerment-Prozesse ermöglichen, welche der Entwicklung eines chronischen Krankheitsverlaufs entgegenwirken können, dabei insbesondere auch den passiven und vermeidenden Verhaltensweisen (vgl. 2.3). Durch den Einbezug des sozialen Umfeldes und der Zielperspektive der Partizipation und Teilhabe am sozialen Leben bei beiden Ansätzen, kann unter anderem auch gesellschaftlichen Ausschluss- und Stigmatisierungsprozessen entgegengesteuert werden. Um der Entwicklung eines chronischen Krankheitsverlaufs entgegenzuwirken, stellen neben den beschriebenen modernen Behandlungsansätzen auch Frühinterventionen eine geeignete Möglichkeit dar (vgl. 4.1). Dabei muss jedoch auch beachtet werden, inwieweit Frühinterventionen durch niedrigschwellige Angebote und nicht-stigmatisierende Umgebungsfaktoren hinsichtlich des Status-Quo des Versorgungssystems zur Anwendung kommen können (vgl. 3.1). Ferner bleibt aufgrund der geringen Kontakte zum Versorgungssystem - insbesondere bei Vorliegen lediglich einer psychischen Erkrankung - fraglich, ob Betroffene Präventionsangebote wahrnehmen können und wollen (vgl. 2.1).

5 Diskussion

Zusammenfassend und rückblickend auf die Fragestellung, welche Möglichkeiten die klinische Sozialarbeit hinsichtlich der Einbindung und Etablierung psychosozialer Therapie- und Behandlungsverfahren hat, um vor allem chronisch psychisch erkrankten Menschen eine adäquate und angemessene Versorgung zu bieten, kann Folgendes festgehalten werden:

Es wird ersichtlich, dass die klinische Sozialarbeit mit dem Blick auf die Ressourcen sowie den Bedürfnissen der Betroffenen und der bio-psycho-sozialen Perspektive - sowohl hinsichtlich der Entstehung als auch der Genese psychischer Erkrankungen - in geeigneter Weise die modernen Entwicklungen der Sozialpsychiatrie ergänzt und bereichert. Dabei wird deutlich, wie nah die Ansätze der klinischen Sozialarbeit im Wesentlichen den modernen Entwicklungen innerhalb der Sozialpsychiatrie stehen. Die vorgestellten Ansätze Recovery und Empowerment sowie auch der Ansatz der bedürfnisangepassten Behandlung stehen in engem Zusammenhang mit der bio-psycho-sozialen Sichtweise der klinischen Sozialarbeit. Da die soziale Perspektive zunehmend in den Behandlungsplan integriert wird und eine komplementäre Versorgung in multiprofessionellen Teams gewährleistet werden soll, erscheint die Einbindung der klinischen Sozialarbeit sinnvoll. Ferner beinhalten die beschriebenen Ansätze diejenigen Faktoren, die die Wirksamkeit psychosozialer Therapieverfahren gewährleisten. Sie repräsentieren somit in hohem Maße geeignete Ansätze sowohl zur Vorbeugung von Chronifizierung und Minimierung deren Folgen bzw. Auswirkungen als auch zur Vorbeugung der Entstehung komorbider Störungen sowie weiterer Episoden der psychischen Erkrankung (vgl. 4.1; 4.2).

Kritisch zu betrachten ist dabei weiterhin, dass sich die notwendige Vernetzung und enge Zusammenarbeit in multiprofessionellen Teams in der Praxis noch immer schwierig gestaltet und somit die Etablierung neuer psychosozialer Therapieansätze, die sich nicht nur durch Einzelinterventionen, sondern auch durch Systeminterventionen auszeichnen, erschwert oder gar verhindert wird (vgl. 3.2). Auch mangelnde finanzielle Ressourcen oder eingefahrene Strukturen im Versorgungssystem im Hinblick auf notwendige fachliche Fort- und Weiterbildungen zur Durchführung psychosozialer Interventionen verhindern den Einsatz moderner Therapieverfahren. Fraglich bleibt in diesem Zusammenhang, inwieweit Recovery als Grundhaltung nicht durch betriebsinterne Fortbildungen zunehmend in das System der Sozialpsychiatrie etabliert werden könnte. Die Auseinandersetzung mit psychosozialen Interventionsmöglichkeiten sollte unter anderem auch in verschiedensten sozialwissenschaftlichen, medizinischen und psychotherapeutisch ausgerichteten Studiengängen und Weiterbildungsmaßnahmen unter Einbezug theoretischer Erkenntnisse ihren Platz finden. Ferner wäre eine verstärkte Auseinandersetzung mit psychosozialen Therapie- und Behandlungsmöglichkeiten bezüglich der Wirksamkeit sowie der Nachhaltigkeit der einzelnen Interventionen und angesichts der Forschung nach geeigneten Möglichkeiten zur Etablierung sinnvoll. Es darf jedoch nicht außer Acht gelassen werden, dass medikamentöser Behandlung sowie der Anwendung psychotherapeutischer Verfahren immer noch eine Bedeutung im Behandlungsprozess zukommt und diese auch nicht ersetzt, sondern lediglich durch psychosoziale Therapien auf positive Weise ergänzt werden sollen.

Abschließend kann jedoch gesagt werden, dass - vor dem Hintergrund der Entstehungsfaktoren - der sozialen Dimension durch den Einbezug psychosozialer Interventionen sowie moderner Ansätze mehr Beachtung geschenkt werden kann. Dabei kann nochmals Bezug zum Eingangszitat genommen werden, das die Notwendigkeit der Einbindung sozialer Faktoren in die Behandlung (chronisch) psychisch kranker Menschen unterstreicht. Die klinische Sozialarbeit zeichnet sich angesichts dessen als geeignete Disziplin bzw. Profession aus, um komplementäre und vernetzte Versorgungsangebote zu ermöglichen sowie die subjekt- und systemorientierte Perspektive vor dem Hintergrund der bio-psycho-sozialen Sichtweise zunehmend in den Behandlungsprozess zu integrieren und in geeigneter Art und Weise auch sozialpolitisch zu vertreten.

An dieser Stelle kann nochmals auf das „Hamburger Modell" der Universitätsklinik Hamburg-Eppendorf verwiesen werden, das beispielhaft für die gelingende Integration der bedürfnisangepassten Behandlung herangezogen werden kann.

Literaturverzeichnis

Becker, T. / Weinmann, S. / Gühne, U. / Riedel-Heller, S.G. (2017): Psychosoziale Therapien. In: Möller, H.-J. / Laux, G. / Kapfhammer, H.P. (Hrsg.): Psychiatrie, Psychosomatik, Psychotherapie. 5. Aufl. Berlin Heidelberg: Springer.

Böker, H. (2009): Psychotherapeutische Langzeitbehandlung bei Dysthymie, Double Depression und chronischer Depression. In: Hartwich, P. / Barocka, A. (Hrsg.): Psychisch krank. Das Leiden unter Schwere und Dauer. Sternenfels: Verlag Wissenschaft & Praxis.

Bosshard, M. / Ebert, U. / Lazarus, H. (2013): Soziale Arbeit in der Psychiatrie. Lehrbuch. 5. überarbeitete Aufl. Köln: Psychiatrie Verlag.

Bühring, P. (2013): Schwer psychisch Kranke. Die Klinik als teurer Ersatz. In: Deutsches Ärzteblatt. 11/2013, Jg.110 (45), A-2115 / B-1870 / C-1824.

Clausen, J. / Eichenbrenner, I. (2016): Soziale Psychiatrie. Grundlagen, Zielgruppen, Hilfeformen. 2. überarbeitete u. erweiterte Aufl. Stuttgart: Kohlhammer.

Dammann G. (2014): Chancen und Probleme des Recovery-Ansatzes aus psychiatrischer Sicht. In: Der Nervenarzt. 9/2014 (85), 1156-1165. Berlin Heidelberg: Springer.

DGPPN - Deutsche Gesellschaft für Psychiatrie, Psychotherapie und Nervenheilkunde (2005): Praxisleitlinien in Psychiatrie und Psychotherapie. Band 7. Behandlungsleitlinie. Darmstadt: Steinkopff.

Franke, A. (2010): Modelle von Gesundheit und Krankheit. 2. überarbeitete Aufl. Bern: Huber.

Grawe, K. (2000): Psychologische Therapie. 2. korrigierte Aufl. Göttingen: Hogrefe.

Gruber, D. / Böhm, M. / Wallner, M. / Koren, G. (2018a): Sozialpsychiatrie als ursachenbezogene und epidemiologische Forschung. In: Schöny, W. (Hrsg.): Sozialpsychiatrie - theoretische Grundlagen und praktische Einblicke. Berlin Heidelberg: Springer.

Gruber, D. / Böhm, M. / Wallner, M. / Koren, G. (2018b): Sozialpsychiatrie: Begriff, Themen und Geschichte. In: Schöny, W. (Hrsg.): Sozialpsychiatrie - theoretische Grundlagen und praktische Einblicke. Berlin Heidelberg: Springer.

Gruber, D. / Böhm, M. / Wallner, M. / Koren, G. (2018c): Sozialpsychiatrie: Gesellschaftstheoretische und normative Grundlagen. In: Schöny, W. (Hrsg.): Sozialpsychiatrie - theoretische Grundlagen und praktische Einblicke. Berlin Heidelberg: Springer.

Gühne, U. / Fricke, R. / Schliebener, G. / Becker, T. / Riedel-Heller, S.G. (2014a): Welche Möglichkeiten im Bereich psychosozialer Therapien gibt es für Menschen mit schweren psychischen Erkrankungen? In: Gühne, U. / Fricke, R. / Schliebener, G. / Becker, T. / Riedel-Heller, S.G. / DGPPN (Hrsg.): Psychosoziale Therapien bei schweren psychischen Erkrankungen. Patientenleitlinie für Betroffene und Angehörige. Berlin Heidelberg: Springer Medizin.

Gühne, U. / Fricke, R. / Schliebener, G. / Becker, T. / Riedel-Heller, S.G. (2014b): Was steht im Vordergrund jeder Behandlung? In: Gühne, U. / Fricke, R. / Schliebener, G. / Becker, T. / Riedel-Heller, S.G. / DGPPN (Hrsg.): Psychosoziale Therapien bei schweren psychischen Erkrankungen. Patientenleitlinie für Betroffene und Angehörige. Berlin Heidelberg: Springer Medizin.

Haselmann, S. (2008): Psychosoziale Arbeit in der Psychiatrie - systemisch oder subjektorientiert? Ein Lehrbuch. 1. Aufl. Göttingen: Vandenhoeck & Ruprecht.

Haselmann, S. (2010): Die neue Hilfeplanung in der Psychiatrie - Soziale Arbeit zwischen alten Spannungsfeldern und aktuellen Kontroversen. In: Michel-

Schwartze, B. (Hrsg.): „Modernisierungen" methodischen Handelns in der Sozialen Arbeit. 1. Aufl. Wiesbaden: VS Verlag für Sozialwissenschaften.

Heekeren, K. / Theodoridou, A. / Rössler, W. (2016): Früherkennung psychotischer und bipolarer Störungen: erste Ergebnisse und ihre Bedeutung für die klinische Praxis. In: Rössler, W. (Hrsg.): Handlungsfelder der psychiatrischen Versorgung. Analysen, Konzepte, Erfahrungen aus dem Züricher Impulsprogramm zur nachhaltigen Entwicklung der Psychiatrie (ZInEP). 1. Aufl. Stuttgart: Kohlhammer.

Jacobi, F. / Kessler-Scheil, S. (2013): Epidemiologie psychischer Störungen. Häufigkeit und Krankheitslast in Deutschland. In: Psychotherapeut. 2/2013 (58), 191-206. Berlin Heidelberg: Springer.

Jacobi, F. / Höfler, M. / Strehle, J. / Mack, S. / Gerschler, A. / Scholl, L. / Busch, M.A. / Maske, U. / Hapke, U. / Gaebel, W. / Maier, W. / Wagner, M. / Zielasek, J. / Wittchen, H.-U. (2014): Psychische Störungen in der Allgemeinbevölkerung - Studie zur Gesundheit Erwachsener in Deutschland und ihr Zusatzmodul Psychische Gesundheit (DEGS1-MH). In: Der Nervenarzt. 1/2014 (85), 77-87. Berlin Heidelberg: Springer.

Jacobi, F. / Becker, M. / Müllender, S. / Bretschneider, J. / Thom, J. / Fichter, M. (2017): Epidemiologie psychischer Störungen. In: Möller, H.J. / Laux, G. / Kapfhammer, H.P. (Hrsg.): Psychiatrie, Psychosomatik, Psychotherapie. 5. Aufl. Berlin Heidelberg: Springer.

Kallert, T. / Gühne, U. / Harter, C. / Lang, F.U. / Puschner, B. / Riedel-Heller, S.G. / Weisbrod, M. / Becker, T. / Rössler, W. (2017): Versorgungsstrukturen in der Psychiatrie. In: Möller, H.J. / Laux, G. / Kapfhammer, H.P. (Hrsg.): Psychiatrie, Psychosomatik, Psychotherapie. 5. Aufl. Berlin Heidelberg: Springer.

Knuf, A. (2016): Basiswissen: Empowerment und Recovery. 5. erweiterte Aufl. Köln: Psychiatrie Verlag.

Pauls, H. (2013): Klinische Sozialarbeit. Grundlagen und Methoden psychosozialer Behandlung. 3. Aufl. Weinheim und Basel: Beltz Juventa.

Schneider, F. / Wien, S. / Weber-Papen, S. (2017): Epidemiologie und Ätiologie psychischer Erkrankungen. In: Schneider, F. (Hrsg.): Facharztwissen Psychiatrie, Psychosomatik und Psychotherapie. 2. Aufl. Berlin Heidelberg: Springer.

Schramm, E. / Caspar, F. / Berger, M. (2006): Spezifische Therapie für chronische Depression. Das „Cognitive Behavioral Analyses System of Psychotherapy" nach McCullough. In: Der Nervenarzt. 3/2006 (77), 355-371. Berlin Heidelberg: Springer Medizin.

Sommerfeld, P. / Dällenbach, R. / Rüegger, C. / Hollenstein, L. (2016): Klinische Soziale Arbeit und Psychiatrie. Entwicklungslinien einer handlungstheoretischen Wissensbasis. Wiesbaden: Springer Fachmedien.

Staun, L. / Kessler, H. / Buchheim, A. / Kächele, H. / Taubner, S. (2010): Mentalisierung und chronische Depression. In: Psychotherapeut. 4/2010 (55), 299-305. Berlin Heidelberg: Springer.

Treeck, B. van / Bergmann, F. / Schneider, F. (2017): Psychosoziale Versorgung. In: Schneider, F. (Hrsg.): Facharztwissen Psychiatrie, Psychosomatik und Psychotherapie. 2. Aufl. Berlin Heidelberg: Springer.

Valdes-Stauber, J. (2009): Behandlung chronisch psychisch kranker Menschen. Ethische und anthropologische Aspekte. In: Der Nervenarzt. 5/2009 (80), 564-577. Berlin Heidelberg: Springer Medizin.